AF363786

LE
DIABLE BOITEUX,

BALLET-PANTOMIME EN TROIS ACTES,

PAR

MM. CORALLI ET BURAT DE GURGY,

MUSIQUE DE M. CASIMIR GIDE.

REPRÉSENTÉ POUR LA PREMIÈRE FOIS
SUR LE THÉATRE DE L'ACADÉMIE ROYALE DE MUSIQUE,
LE 1er JUIN 1836.

Troisième Edition.

PARIS.

D. JONAS, LIBRAIRE DE L'OPÉRA.
1838.

<table>
<tr><td>PERSONNAGES.</td><td>ARTISTES.</td></tr>
<tr><td>LE DIABLE BOITEUX.</td><td>MM. BARREZ.</td></tr>
<tr><td>CLÉOPHAS, écolier d'Alcala.</td><td>MAZILIER.</td></tr>
<tr><td>LE CAPITAINE BELLASPADA, frère
    de Dona Dorothéa.</td><td>MONTJOIE.</td></tr>
<tr><td>DON GILÈS, gentilhomme espagnol.</td><td>ÉLIE.</td></tr>
<tr><td>LE MAITRE DES BALLETS.</td><td>CHATILLON.</td></tr>
<tr><td>LE DOCTEUR,</td><td>L. PETIT.</td></tr>
<tr><td>LE COIFFEUR.</td><td>CORALLI.</td></tr>
<tr><td>L'AVERTISSEUR.</td><td>PÉQUEUX.</td></tr>
<tr><td>LE RÉPÉTITEUR.</td><td>VINCENT.</td></tr>
<tr><td>L'INSPECTEUR.</td><td>FAUCHER 2e.</td></tr>
<tr><td>UN VALET.</td><td>PAUL.</td></tr>
<tr><td>FLORINDE, danseuse.</td><td>Mmes FANNY ELSSLER.</td></tr>
<tr><td>DONA DOROTHÉA, jeune veuve.</td><td>LEGALLOIS.</td></tr>
<tr><td>PAQUITA, jeune fille du peuple.</td><td>LEROUX.</td></tr>
<tr><td>LA FEMME DE CHAMBRE.</td><td>ROLAND.</td></tr>
</table>

Les décors des 1er, 2e 3e, 9e tableaux sont de MM. Feuchères, Séchan et Jules Diéterle ; ceux des 4e, 5e, 6e, 7e, 8e et 10e de MM. Philastre et Cambon.

Le lieu de la scène est à Madrid.

IMPRIMERIE DE E. DUVERGER,
rue de Verneuil, n° 4.

DANSE ET PERSONNAGES.

ACTE PREMIER.

PREMIER TABLEAU.

MM. Montjoie, Mazilier, Elie.

FOYER PUBLIC, QUADRILLES DE DOMINOS.

MM. Ragaine, Lenfant, Isambert, Bégraud, Mmes Leclerq, Lacroix, Bassompiere, Saulnier 1re.

MM. Lefebvre, Provost, Coranet, Célarices; Mmes Duménil, Roussel, Euphrasie, Duc.

MM. Chàtillon, Monnet, Joli, Adrien; Mmes Beaupré, Marivin, Rollin, Larché.

ENFANTS.

MM. Desplaces, Briolé, Brillant, Huguet, Provost, Carnot 2_e; Mlles Desjardins, Marquet, Provost, Bénard, Robert, Pérès 2e.

Mlles Fanny Elssler, Legallois, Leroux,

DOMINOS DIVERS.

MM. Simonnet, Lenoir, Elie, Ch. Petit, Delamain, Lignie, Grédelue, Carrez, Grunault, Destrée, Maurice.

BACCHANTES.

Mmes Davesne, Angélina.

SUITE.

MM. Milot, Fromage, Gourdoux, Rouget; Mlles Duparc, Sautan, Ferdinand 1re, Ferdinand 2e.

PAS DE QUATRE.

MM. Mabille, Albert; Mmes Dupont, Julia.

DEUX GARÇONS LIMONADIERS.

MM. Collet, Durand.

DEUXIÈME TABLEAU.

MM. Barrez, le diable; Montjoie, Mazilier, Elie; Mlles Fanny Elssler, Legallois, Leroux, Roland.

TROISIÈME TABLEAU.

MM. Mazilier, Barrez.

DOMESTIQUES OU LUTINS.

Le suisse, tête de dogue, M. Cozzo ; le coureur, tête de lévrier, M. Coralli ; le cuisinier, tête de vautour, M. Péqueux ; le cocher ; tête de mulet, M. Grenier ; l'intendant, tête de renard, M. Guiffard ; le chasseur, tête de paon, M. Lefebvre ; le valet de chambre, tête de singe, M. Grédelue.

QUATRE PAGES AVEC DES TÊTES DE COQ.

Mlles Courtois 1re, Courtois 3e, Rondeau, Lejoindre.

QUATRE MARMITONS AVEC DES TÊTES DE CHAT.

MM. Huguet, Briole, Constant, Cornet 2e.

DEUX VALETS COMPARSES POUR PORTER LA CHAISE A PORTEUR.

CORPS DES SYLPHIDES.

Mmes Noblet, Dupont, Fitzjames, Julia, Maria, Forster, Blangy, Carrez, Caroline, Euphrasie, Pujol, Hassnhut, Beaupré, Athalie, Pérès, Marion, Dumilatre 2e, Lepetit, Victorine, Julia.

FOURNISSEURS.

MM. L. Petit, tailleur ; Grosnault, chapelier ; Adolphe, fourbisseur ; Gondoin, carrossier.

ACTE II.

PREMIER TABLEAU.

MM. Mazilier, Barrez, Elie.

MM. Châtillon, le maître des ballets ; Coralli, le coiffeur ; Vincent, le répétiteur ; Faucher 2e, l'inspecteur ; Péqueux, l'avertisseur.

Mlles Fanny Elssler, Thérèse Elssler, Leroux.

Mlles Forster, Duménil 2e, Leclercq, Saulnier 2e.

QUATRE SEIGNEURS.

MM. Ragaine, Lenfant, Isambert, Lefebvre.

QUATRE ÉCOLIÈRES DU MAITRE DES BALLETS.

Mlles Maria, Albertine, Blangy, Carrez.

DEUXIÈME TABLEAU.

CORPS DES BALLETS.

MM. Scio, Célarius, Dor, Monnet, Adrien, Saxoni, Paul, Barrez 2e.

Mlles Bassompière, Robin, Caroline, Delacquit, Colson, Dumilatre 1re, Célarius Jomard.

Mlles Fanny Elssler, Thérèse Elssler.

TROISIÈME TABLEAU.

MM. Mazilier, Elie, Barrez, Coralli, L. Petit.
Mlles Fanny Elssler, Roland.

QUATRIÈME TABLEAU.

MM. Montjoie, Elie.
MM. Ragaine, L. Petit, Lenfant, Provost 1er, Isambert, Guiffard, Lefebvre, Bégrand.
Mlles Fanny Elssler, Forster, Leduc, Duménil 2e, Leclercq, Saulnier 2e, Guichard, Pujol, Beaupré.

ACTE III.

PREMIER TABLEAU.

MM. Montjoie, Mazilier, Elie, Barrez; Mlles Fanny Elssler, Legallois, Leroux, Roland. Un domestique, Paul.

DIX MUSICIENS.

MM. Lenoir, Faucher 2e, Carrez, Honoré, Grédelue, Provost, Ch. Petit, Gondoin, Vincent, Grosnault.

DEUXIÈME TABLEAU.

JOUEURS.

MM. Montjoie, Mazilier, Lenfant, Ragaine, Isambert, Lefebvre.
Mlles Legallois, Saulnier 2e, Leclercq, Leduc, Duménil 2e.

TROISIÈME TABLEAU.

FIESTA DEL SAUTILLO GITANOS.

MM. Simon, Quériau, Cozzo.
Mmes Roland, Brocard, Guillier, Elise, Dabas, Bizor.

BASQUES.

MM. Coralli, Mérante; Mmes Maria, Forster.

BOLÉROS.

MM. Mabille, Albert; Mmes Dupont, Leroux.

NOBLES.

MM. Lenfant, Ragaine, Isambert, Lefebvre; Mmes Saulnier 2e, Le-

clercq, Leduc, Duménil 2e, Delamain, Lejoindre, Maurice, Rondeau
Destrée.

CORPS DE BALLET EN CASTILLANS, CATALANS, ANDALOUS, GALICIENS,
BOHÉMIENS ET GITANOS.

MM. Vincent, l'équeux, Faucher 2e. Grédelue.

Mmes Seuriot, Bassompière, Campan, Saulnier 1re.

AUTRES CORPS DE DANSE.

MM. Mignot, Alexandre, Adrien, Dor.

Mmes Pujol, Carrez, Marivin, Pérès.

CONTREBANDIERS.

MM. Scio Chatillon, Célarius, Monnet.

Mmes Delacquit, Robin, Guichard, Larché.

MARCHANDS.

MM. Lenoir, Paul.

ENFANTS DU PEUPLE.

MM. Desplaces, Briole, Brillant, Huguet, Provost 2e, Cornet 2e, Mil-
lot, Fromage, Durand, Ernest, Constant, Collet, Rouget, Provost 3e,
Gourdoux.

Mlles Desjardins, Marquet Provost, Robert, Bénard, Pérès 2e, Du-
pare, Laurent, Courtois 2e, Gaucher, Delestre, Payet, Chevalier, Hasnhut 2e, Dimier, Josset.

COSTUMES DIVERS DE TOUTES LES PROVINCES D'ESPAGNE, HABITS DE FÊTE.

MM. Grosnault, L. Petit, Guiffard, Gondouin, Cornet, Bégrand,
Grenier, Provost, Adolphe, Grédelue, Jolie Mignots, Ch. Petit, Adrien,
Saxonï, Alexandre, Dor, Honoré; Mmes Pérès, Marivin, Caroline,
Pujol Carrez Beaupré, Athalie, Dumilâtre 1re, Lepetit, Victorine, Julia,
Euphrasie, Célestine, Jomard, Dumilâtre 2e, Angélina, Hasnhut 1re,
Sauton.

LE
DIABLE BOITEUX,

BALLET-PANTOMIME.

ACTE PREMIER.

PREMIER TABLEAU.

Foyer de la salle du théâtre royal, orné pour un bal masqué. A droite et à gauche, les étalages du limonadier avec des tables disposées pour les soupers.

SCÈNE PREMIÈRE.

Le bal en est à son plus beau moment de promenades et de quadrilles. Les danseurs se croisent et les masques se poursuivent; don Gilès arrive, donnant le bras à une élégante pèlerine; à quelques pas de lui se trouvent le Capitaine, accompagné d'un domino rose, et Cléophas, intrigué par un domino blanc fort coquet. L'écolier, dont les poches sont toujours, par prévision, remplies de billets galants, glisse un exemplaire de sa flamme sur papier vélin au petit domino blanc et lui jure un amour éternel. Le domino blanc cède en échange une bague d'or que Cléophas passe à son doigt; au même instant la pèlerine quitte don Gilès pour Cléophas. Ici, nou-

velles protestations, nouveau billet, et l'écolier reçoit
en retour la fleur que la pèlerine tient à la main. Don
Gilès délaissé par son masque vient le reprendre brusquement, en lançant un regard jaloux à Cléophas; mais
l'écolier aperçoit la taille élégante du domino rose, et
il cherche à lier une intrigue avec lui. Le domino blanc,
sur les pas duquel s'élance Bellaspada, favorise sans le
vouloir la déclaration de Cléophas et la remise d'une
troisième circulaire. Le domino rose paraît céder vo-
lontiers à l'écolier, qui lui dérobe un nœud de ruban,
lorsque don Gilès engage le Capitaine à interrompre le
tête-à-tête de l'écolier et du domino rose. Les menaces
de don Gilès et de Bellaspada l'intimidant peu, Cléophas continue à aller du domino rose au domino blanc,
et du domino blanc à la pèlerine. Alors le Capitaine,
que don Gilès avait décidé à chercher querelle à l'intrépide amoureux, trouve plus commode de le faire ros-
ser par les valets de don Gilès. Le domino blanc ayant
entendu ce complot en avertit Cléophas, qui se retire
pour prendre un déguisement de femme, à l'aide duquel
il espère pouvoir, sans risque, mener ses prouesses à
bonne fin.

SCENE II.

Ainsi méconnaissable, Cléophas revient agacer don
Gilès et le Capitaine; ceux-ci se croient en bonne fortune. Cléophas, pour qui la situation devient de plus
en plus plaisante, se laisse conduire à une table bien
servie, et fait honneur au souper que le Capitaine avait

commandé, mais qu'il fait payer à don Gilès. Animés par les liqueurs, les deux cavaliers veulent enfin connaître la beauté pour laquelle ils se mettent en frais ; Cléophas, ennuyé de leurs instances, se décide à ôter son masque. A l'aspect de l'écolier, don Gilès et Bellaspada entrent en fureur et demandent réparation, sans doute parce qu'ils voient que leur mystificateur est sans épée. Mais Cléophas s'empare de celle de don Gilès, qu'il délivre ainsi du souci de croiser le fer, et se place fièrement en garde. Le Capitaine, que cette belle résolution déroute un peu, recule tout en faisant le matamore et gesticule de façon à attirer du monde.

SCÈNE III.

Don Gilès pendant ce temps est allé ameuter la foule contre Cléophas ; il ne tarde pas à reparaître suivi de curieux et de soldats, qui veulent s'emparer de l'écolier ; à la faveur de son costume qu'il abandonne aux estafiers, et grâce aux masques qui l'entourent, Cléophas parvient à se sauver, au grand contentement du domino rose, de la pèlerine, et surtout du domino blanc.

DEUXIÈME TABLEAU.

Laboratoire d'un alchimiste. Fenêtre élevée à droite. Des ustensiles de chimie, des alambics, des objets de curiosité çà et là ; quelques flacons de grande dimension à gauche près d'un meuble chargé de diverses fioles ; à droite, une table supportant un grimoire, une mappemonde et des figures symboliques.

SCÈNE IV.

Cléophas paraît à la lucarne, et, après s'être assuré

qu'il n'est vu de personne, il se laisse glisser sur le parquet. Une patrouille qui passe dans la rue l'inquiète d'abord ; mais il se rassure à mesure qu'elle s'éloigne, et il achève d'examiner l'appartement où il se trouve. Un gémissement se fait entendre tout à coup. Cléophas s'arrête et écoute : la plainte semble partir d'un bocal ; il s'en approche et le brise.

SCÈNE V.

Aussitôt de la fumée noire qui sort du vase s'échappe le Diable boiteux. L'étonnement de Cléophas est mêlé d'effroi ; Asmodée le rassure, et, pour reconnaître sa délivrance de la prison où l'avaient enfermé les conjurations de l'alchimiste, il se dévoue tout entier à lui. L'écolier, qui doute de la puissance du démon et désire la mettre à l'épreuve, lui demande à voir les trois femmes dont il a fait la rencontre au bal. Sur un geste d'Asmodée, le mur du fond s'ouvre, et successivement paraissent le domino blanc, la pèlerine et le domino rose ; par la volonté du diable, les masques de ces femmes tombent, ainsi que leurs dominos, et elles restent dans leur véritable costume : l'une est Paquita la grisette, Florinde la danseuse, et la troisième Dorothéa la veuve. Cléophas les trouve à son gré ; mais avant de se décider pour aucune d'elles, il serait bien aise de les mieux connaître. Asmodée les fait donc venir toutes trois, dans le but de consulter l'alchimiste, dont l'écolier emprunte le costume sur l'invitation du diable.

SCÈNE VI.

Arrive d'abord Paquita. Elle demande si elle est aimée du jeune homme qui l'a courtisée au bal, et comme elle ne sait pas lire, elle se fait expliquer le billet qu'elle a reçu de lui par Cléophas lui-même. L'écolier, peu flatté de cette conquête, avoue à la grisette que son inconstant adorateur l'a déjà sacrifiée à une autre; et, pour la convaincre, il lui rend son anneau qu'il feint de se procurer par un tour de magie. A cette preuve, Paquita ne doute plus de son abandon et s'éloigne en pleurant; au moment où elle sort, Asmodée lui dit de ne pas perdre tout espoir.

SCÈNE VII.

Resté seul avec Cléophas, le diable le blâme d'avoir ainsi repoussé l'amour de la grisette, car chez elle au moins le cœur est sincère et désintéressé; mais l'écolier a trop d'ambition pour l'écouter, et les avis du démon sont interrompus par l'entrée de dona Dorothéa, accompagnée de son frère et de don Gilès. La jeune veuve languit et ne dort plus; il faut que l'alchimiste découvre la cause de son malaise. Après son examen, Cléophas déclare que l'unique remède est un mari. Don Gilès, qui aspire à la main de la veuve, insiste pour qu'elle se rende à l'ordonnance, et glisse une bourse à l'alchimiste afin qu'il parle en sa faveur. Prenant alors Dorothéa à part, Cléophas l'engage à n'aimer et à n'épouser que le jeune homme à qui elle a donné un nœud de ruban au bal, ajoutant confidentiellement qu'il n'est autre qu'un prince déguisé. Dona Dorothéa s'étonne qu'il sache ce qui s'est passé entre elle et l'inconnu. A l'appui de sa science divinatoire, le faux magicien lui montre le ruban qui lui a été dérobé. Dorothéa s'en empare, et, dans son secret contentement de ce qu'elle vient d'apprendre, elle paraît moins pressée d'accepter les offres de don Gilès.

SCÈNE VIII.

Vers la fin de cette consultation, Asmodée fait paraître la danseuse au moment où don Gilès, l'un de ses soupirants, se jette aux pieds de dona Dorothéa. Don Gilès, fort embarrassé, cherche tour à tour à apaiser la danseuse et à rassurer la veuve. Mais cette dernière se retire indignée contre don Gilès, qui la suit jusqu'au bas de l'escalier, malgré les menaces de Bellaspada.

SCÈNE IX.

La danseuse, très émue de cette scène, s'abandonne à Cléophas ; celui-ci s'en fait reconnaître, et Florinde, quoique enchantée de retrouver le jeune homme du bal, le supplie de lui rendre sa rose. Pendant ces prières d'une part et ces refus de l'autre, don Gilès entre, et à sa vue la danseuse improvise un évanouissement.

SCÈNE X.

L'écolier, contrarié de la présence de ce fâcheux, l'envoie chercher un flacon, puis un autre, puis un troisième, et Cléophas profite de ce mouvement de va-et-vient pour exprimer sa passion à Florinde. Le flacon nécessaire une fois découvert, la danseuse en respire le sel, reprend ses sens, et don Gilès obtient son pardon, tandis que Cléophas dérobe la clef de la loge de Florinde; après quoi la danseuse se laisse entraîner par don Gilès, et en partant elle fait un signe d'intelligence à Cléophas, qui y répond en couvrant de baisers la fleur qu'il a reçue d'elle et la clef qu'il lui a soustraite.

SCÈNE XI.

Cléophas exprime sa joie à Asmodée et le remercie de ses bons offices. Son projet étant de poursuivre sa double intrigue avec la veuve et la danseuse, il ne veut plus songer à la grisette, et comme il convient de se présenter dignement chez les deux belles, l'écolier fait part au diable de tout ce qui lui manque; aussitôt, d'un coup de béquille, Asmodée transporte son libérateur dans un autre séjour.

TROISIÈME TABLEAU.

Un parc magnifique. A droite, la façade d'un palais mauresque avec perron descendant sur le théâtre. De chaque côté, des arbres fruitiers, et des fleurs. Dans le fond, des touffes de feuillages.

SCÈNE XII.

Cléophas ne se possède plus; tous ses souhaits se réalisent; en effet, à peine en a-t-il seulement la pensée qu'Asmodée fait paraître une maison somptueuse, et,

pour la monter, de nombreux valets en riche livrée. Le
suisse porte une tête de dogue ; sa femme, de pie ; le
coureur, de lévrier ; le cuisinier, de vautour ; les mar-
mitons, de chat ; les pages, de coq ; le cocher, de mulet ;
l'intendant, de renard ; le chasseur, de paon ; le valet de
chambre, de singe : chaque tête d'animal indique la
profession et principalement le défaut de chaque domestique. Mais Cléophas trouve ses gens bien laids ; Asmodée fait alors un geste, et tous les masques tombent
pour laisser voir des figures humaines. A peine l'écolier
les a-t-il passés en revue que des fournisseurs accourent
et apportent ce qu'il faut pour le parer. Dès qu'ils l'ont
magnifiquement vêtu, le tailleur, le chapelier et le fourbisseur s'éloignent pour laisser approcher le carrossier.
Cléophas est fort satisfait de tout ce luxe, mais il a fan-
taisie d'une collation. Un guéridon couvert d'argenterie
sort subitement de terre, et de chaque buisson s'élancent
des jeunes filles avec des corbeilles de fruits et de fleurs
à la main. Pendant que Cléophas goûte de toutes les
friandises qu'elles lui servent, d'autres sylphides dansent
autour de lui. Le divertissement terminé, on fait avancer
la chaise dans laquelle l'écolier se place, et les femmes
se mêlant aux pages, on forme autour de Cléophas un
cortége brillant au milieu duquel ses valets l'emportent
comme en triomphe.

FIN DU PREMIER ACTE.

ACTE II.

QUATRIÈME TABLEAU.

Le théâtre représente le foyer de la danse de l'opéra de Madrid.

SCÈNE PREMIÈRE.

Au lever du rideau, le maître de ballet fait étudier ses élèves; il est interrompu par l'arrivée de Cléophas et d'Asmodée, qui veulent forcer la consigne et entrer dans le foyer; l'inspecteur s'y oppose et les reconduit dehors en fermant la porte sur eux, au désappointement de Cléophas. A peine sont-ils sortis qu'Asmodée passe subitement à travers la plaque de la cheminée, escamote le maître de ballet, prend sa figure et sa place, et continue à donner la leçon sans que personne se soit aperçu de la substitution.

SCÈNE II.

Un moment après, le coiffeur du théâtre vient présenter une jeune fille demandant à être admise dans le corps de ballet : c'est Paquita qui s'est décidée à cette démarche dans l'espoir de se trouver plus souvent sur le passage de Cléophas, dont elle soupçonne l'amour pour Floripde. Sur la recommandation du coiffeur, on procède à l'examen de la grisette. Les premiers sujets de la danse, que l'on a fait appeler, et à la tête desquels est

Florinde, toujours suivie de don Gilès, assistent à cette épreuve.

SCÈNE III.

La pauvre enfant donne un échantillon de son savoir-faire en essayant quelques pas d'une danse populaire bien simple et sans affectation; on se moque d'elle. Après l'avoir torturée en lui indiquant les premières poses de rigueur, le faux maître de ballet lui déclare qu'elle ne sera jamais danseuse ; Asmodée, à part lui, ne veut pas pour Paquita elle-même que cette jeune fille entre au théâtre. En voyant son chagrin, Florinde lui promet ses conseils, et don Gilès, qui la trouve gentille, la rassure aussi de son côté.

SCÈNE IV.

Pendant cette scène, plusieurs seigneurs sont venus entourer les danseuses et les accablent de compliments. Cléophas, favorisé par la métamorphose d'Asmodée, a pu les suivre sans obstacle. Paquita est d'abord heureuse de cette rencontre, qu'elle avait pressentie ; mais Cléophas s'approche de la grisette sans avoir l'air de la connaître, tandis que, derrière elle, Florinde et l'écolier échangent un signe d'intelligence. Le maître de ballet fait en même temps un dernier essai du divertissement qu'on doit exécuter le soir même. Le tour de Florinde étant venu, elle danse avec sa partenaire. Son visage trahit bientôt le mécontentement qu'elle éprouve intérieurement, et elle finit par déclarer qu'elle trouve le pas de sa rivale trop brillant et trop dessiné aux dépens du sien. Prié de faire quelques coupures en faveur de l'amour-propre de Florinde, qui menace de ne danser qu'à cette condition, le maître de ballet s'y refuse formellement.

Les seigneurs s'interposent alors pour calmer la discussion qui s'élève; mais l'opposition d'Asmodée n'est pas sans intention, et la querelle devient très vive, lorsque heureusement on entend la sonnette du régisseur qui appelle tout le monde au théâtre. Le ballet va commencer, chacun se rend à son poste.

SCÈNE V.

Paquita, restée seule dans un coin, est forcée de s'éloigner comme les autres; avant de partir elle rappelle pourtant ses promesses à la danseuse qui paraissait s'intéresser à elle; mais Florinde, encore troublée de l'altercation qu'elle vient d'avoir, sort sans s'arrêter seulement. Cléophas, à qui elle rappelle aussi le bal masqué et l'anneau qu'elle lui avait donné, Cléophas conserve son ton protecteur, semble ne pas la comprendre, et s'en va en affectant un air impertinent. C'est alors Asmodée qui console la grisette, et lui jure de la venger de Cléophas et de Florinde. Après quoi ils se séparent et sortent.

CINQUIÈME TABLEAU.

I e décor représente la scène de l'Opéra vue du fond du théâtre.

SCÈNE VI.

Tout le mouvement des coulisses avant le lever de la toile anime ce tableau. Le régisseur frappe les trois coups ; on entend exécuter l'ouverture.

SCÈNE VII.

Le rideau du fond se lève ensuite pour laisser apercevoir une salle immense, dont les loges sont remplies de curieux, et Cléophas ainsi qu'Asmodée, qui, n'ayant pu trouver place dans la salle, se sont casés dans le trou du souffleur. Le divertissement du corps de ballet achevé, un pas de deux lui succède.

SCÈNE VIII.

Florinde, qui danse la première, n'est pas applaudie par le public, que la magique influence d'Asmodée a mal disposé pour elle ; en se retournant, elle laisse voir son dépit qui ne fait qu'augmenter lorsqu'elle s'aperçoit que l'autre danseuse produit beaucoup d'effet. Comme il lui est impossible de reprendre son avantage, elle feint une entorse pour interrompre le spectacle ; et se laisse aller dans les bras des figurants. A la suite de cet incident, une grande rumeur se fait sur la scène et dans l'orchestre.

SCÈNE IX.

Don Gilès, qui était dans les coulisses, accourt au secours de la danseuse; Cléophas s'élance aussi. Pendant ce temps, le régisseur vient saluer le public, et le tumulte de la salle cesse dès que la toile est baissée.

SCENE X.

Sans s'arrêter au désordre que cela occasionne, on emporte Florinde évanouie, et don Gilès ne la perd pas de vue. Le diable, enchanté du mauvais tour qu'il vient de jouer à la danseuse, se promet bien de n'en pas rester là, et au moment où Cléophas veut la suivre, il l'entraîne malgré lui du côté opposé.

SIXIÈME TABLEAU.

Loge de la danseuse. Beaucoup d'élégance et de fraîcheur. Un paravent, un canapé, une toilette, quelques fauteuils, une fenêtre-porte donnant sur un balcon.

SCÈNE XI.

Le coiffeur et la femme de chambre, en attendant le retour de Florinde, se donnent des airs d'importance et s'amusent l'un de l'autre.

SCÈNE XII.

Don Gilès les interrompt par l'annonce de l'accident survenu à la danseuse; pendant le temps qu'il faut pour courir à sa rencontre, Asmodée et Cléophas s'introduisent magiquement dans la loge et vont se placer sur le balcon.

SCÈNE XIII.

On apporte Florinde qu'on couche doucement sur son canapé ; don Gilès congédie tout le monde, recommande la danseuse aux soins de sa femme de chambre et du coiffeur, restés seuls auprès d'elle, et ressort pour aller chercher le docteur qui se fait attendre.

SCENE XIV.

A peine est-il dehors que Florinde se lève précipitamment, accuse tour à tour de son échec sa femme de chambre pour la façon dont elle l'avait habillée, son coiffeur pour l'arrangement de ses cheveux ; enfin, elle chasse ce dernier et ordonne que sa porte soit fermée à clef. Cléophas, qui, à la sortie de Gilès, s'était montré avec Asmodée derrière les vitres du balcon, choisit cet instant pour s'avancer vers la danseuse.

SCENE XV.

Florinde est surprise de cette apparition inattendue ; Cléophas s'en justifiie en montrant la clef qu'il a entre ses mains ; en la reconnaissant et aux souvenirs qu'elle éveille, Florinde juge à propos de congédier sa femme de chambre. Seule avec l'écolier, elle ne fait pas mystère de son penchant pour lui, lorsqu'on frappe à la porte. La camériste alarmée vient annoncer la visite du maître de ballet ; Cléophas est contraint par sa danseuse d'aller se cacher derrière le paravent.

SCENE XVI.

Le maître de ballet, à qui Florinde reproche aussi son peu de succès dans le pas de deux qu'elle a essayé de danser, s'excuse et fait le galant; un baiser ayant scellé leur raccommodement, le maître de ballet la quitte. Cléophas, que cette concession a mis en colère, demande et exige des explications; comprenant que c'est un homme qu'il faut ménager, il s'apaise, quand on frappe de nouveau; cette fois c'est don Gilès et le docteur. Cléophas, bien contre son gré, se cache de la même manière que dans la scène précédente.

SCÈNE XVII.

Le docteur a bientôt fait de rassurer dont Gilès sur l'état de la danseuse, et il prend congé d'elle et de lui; don Gilès, tout joyeux, manifeste son amour pour la danseuse, au risque de rendre la situation de Cléophas fort désagréable; le péril devient en effet imminent; l'écolier perd patience, jette le paravent par terre, et vient apostropher l'intrépide gentilhomme; stupéfaction de don Gilès. Florinde joue la surprise et l'effroi, et affirme ne point connaître cet homme, qui s'est sans doute introduit chez elle pour la compromettre. Cléophas au contraire déclare franchement ce qui l'amène. Don Gilès fait mine de se fâcher; mais la fermeté de l'écolier alarme Florinde, et, ne sachant comment sortir d'embarras, elle met la présence de Cléophas sur le compte de la femme de chambre. Celle-ci a beau s'en défendre, don Gilès ne s'aperçoit pas que la danseuse lui donne le change, et se retire avec elle pour céder le terrain à son rival. Ici le diable vient à l'aide de son protégé, et tous deux disparaissent par le balcon, le jeune homme un peu désabusé sur le compte de la danseuse, et le diable se moquant de lui.

SEPTIÈME TABLEAU.

Le théâtre représente un salon chez la danseuse. Trois portes au fond sont ouvertes et laissent voir la salle à manger, au milieu de laquelle est une table splendidement servie.

SCÈNE XVIII.

Vingt joyeux convives portent des santés à Florinde. Bellaspada est assis à côté de don Gilès, que celui-ci a invité à ce souper en lui recommandant de n'en rien dire à sa sœur. On quitte bientôt la table pour passer au salon. La danseuse est l'objet de tous les hommages. Don Gilès est tout rayonnant de bonheur, et Bellaspada ne dissimule pas qu'il le lui envie. Priée par ses amis, Florinde danse un pas espagnol. Tout cela anime la réunion, et des quadrilles se forment.

SCÈNE XIX.

En cet instant le plafond se lève par la volonté d'Asmodée, et l'on aperçoit sur le haut d'une galerie, à droite, Cléophas et le diable assistant à cette fête, dans laquelle la danseuse se multiplie pour répondre à la gaîté et aux sourires de chacun. L'écolier, voyant alors comment on se console et combien peu on pense à lui, cède à un mouvement de rage et jette au milieu du salon la rose qu'il avait reçue de Florinde. La fleur vient tomber à ses pieds ; la danseuse la reconnaît et reste anéantie. La toile se baisse.

ACTE III.

HUITIÈME TABLEAU.

Un carrefour de Madrid. La maison de doña Dorothéa à gauche; balcon en saillie.

SCÈNE PREMIÈRE.

Cléophas, entouré de ses gens, organise une sérénade qu'il veut donner à la veuve. Asmodée, qui l'a déjà désillusionné sur Florinde, est auprès de lui et compte bien lui ouvrir aussi les yeux sur dona Dorothéa.

SCÈNE II.

Attirée par la musique, la veuve paraît sur son balcon et reconnaît Cléophas; à en croire leurs mutuelles protestations, ils s'aiment tous deux. L'écolier, ivre de joie, voudrait bien ravoir le ruban qu'il avait dérobé à Dorothéa et que celle-ci lui a repris chez l'alchimiste ; mais la veuve le lui refuse. Cléophas prie et supplie ; don Gilès, que son mauvais génie conduit de ce côté, surprend l'écolier dans cette attitude. Choqué de voir un galant sous les fenêtres de sa belle, don Gilès court avertir le capitaine ; dona Dorothéa rentre chez elle au même moment.

SCÈNE III.

Pendant que la sérénade continue, la femme de chambre de Florinde arrive tout empressée et remet à Cléophas, de la part de sa maîtresse, un billet et la rose. Cléophas déchire la lettre sans daigner la lire et foule la rose aux pieds ; tout est désormais rompu entre la danseuse et lui. La soubrette, un peu confuse de la réponse qu'elle va reporter à Florinde, s'éloigne lentement.

SCENE IV.

Quand le frère de la veuve paraît avec don Gilès, la sérénade est finie ; Cléophas paie ses musiciens et les congédie. Don Gilès, naturellement tapageur, mais fort peu courageux, voudrait que le Capitaine cherchât querelle à l'écolier ; avant d'en venir à une rencontre, Bel laspada demande à entrer en explication avec lui. Cléophas, après lui avoir vanté sa richesse, lui avoue qu'il est épris de sa sœur et serait fort aise de l'épouser. D'aussi nobles intentions ne peuvent que flatter le Capitaine, qui, sans s'inquiéter de don Gilès, promet de consulter sa sœur. Ils se quittent alors enchantés l'un de l'autre et en se faisant de grandes salutations.

SCÈNE V.

Asmodée désirerait faire comprendre à Cléophas que

dona Dorothéa et son frère ne convoitent que son or et ne lui font bon visage que parce qu'ils le croient riche. L'écolier hausse les épaules et tient plus que jamais à se guérir de l'amour de la danseuse par son amour pour la veuve. Paquita qui passe, un carton à la main, délivre Cléophas de l'importunité du diable moraliste. La jolie grisette, en allant porter à dona Dorothéa une parure nouvelle, reconnaît l'écolier, à qui elle pense toujours, et elle s'arrête pour le voir. Asmodée la rassure et la conduit vers Cléophas, qu'il engage à ne pas repousser l'amour véritable de la jeune fille. L'émotion profonde de Paquita touche l'écolier, et il est prêt à céder ; tout à coup un valet lui apporte de la part de Bellaspada une invitation très pressante pour la soirée qui doit avoir lieu chez sa sœur. Au milieu de son ivresse Cléophas oublie la grisette ; Asmodée menace de le quitter ; rien n'y fait. L'écolier impatient veut se rendre chez dona Dorothéa, et dans son aveuglement il écarte de son passage Asmodée qui le protégeait et qui l'abandonne enfin.

SCÈNE VI.

Cléophas touche au seuil de la demeure de la veuve, lorsque la danseuse, déguisée en petit officier, le prend par le bras et l'arrête ; lui aussi aspire à la main de la veuve et par conséquent défend à l'écolier de passer outre. Les deux champions s'échauffent, se défient et mettent l'épée au vent. Paquita effrayée se jette entre eux deux ; rendez-vous est pris alors pour se battre ail leurs, et Cléophas, persistant dans ses prétentions, entre fièrement chez dona Dorothéa.

SCÈNE VII.

Florinde est outrée de la conduite de Cléophas ; son cœur a été trop froissé pour ne pas chercher une vengeance ; il la lui faut à tout prix. La danseuse ne reconnaît Paquita qu'à ce moment et se fait expliquer l'intérêt si vif qu'elle semble porter à l'écolier. Paquita avoue naïvement son amour pour lui. Alors ces deux femmes, ulcérées dans le même sentiment, s'associent, confondent leurs regrets et leur espoir, et arrêtent un plan de conspiration. Florinde fait abnégation d'elle-même et promet à Paquita de travailler à son bonheur ; pour commencer elle cherche un moyen de détourner Cléophas de sa passion pour la veuve. L'ayant trouvé, elle engage seulement Paquita à l'introduire dans la maison de Dorothéa, en la cachant derrière elle. Asmodée, à qui l'ingratitude de Cléophas n'a pu faire oublier entièrement le service qu'il en a reçu, s'intéresse vivement au succès du projet des deux femmes.

NEUVIÈME TABLEAU.

Un salon somptueux chez dona Dorothéa. Plusieurs tables dressées pour le jeu.

SCÈNE VIII.

Bellaspada confie à sa sœur qu'il a fait parvenir une

invitation à Cléophas. Une sonnette retentit et un domestique annonce le jeune écolier. L'empressement avec lequel il est reçu par le Capitaine paraît d'un bon augure pour lui, et il se laisse conduire par Bellaspada dans un salon à côté. Un second coup de sonnette se fait entendre ; c'est la couturière de la veuve.

SCÈNE IX.

Entre Paquita suivie du petit officier, qui se cache sous le tapis d'une table sans que dona Dorothéa s'en aperçoive. Dès que la veuve a terminé sa toilette, Paquita porte le reste des objets dans la chambre voisine ; le petit officier se montre brusquement et fait à dona Dorothéa l'aveu exagéré de sa flamme. La veuve ne sait d'abord que penser ni de ce qu'elle voit ni de ce qu'elle entend. Mais quoique étourdie de tant de hardiesse, elle trouve le petit officier si gentil qu'après bien des combats, bien des supplications, elle se laisse ravir un baiser et enlever le ruban de Cléophas.

SCÈNE X.

Paquita, qui rentre à ce même moment avec Cléophas, surprend le petit officier aux genoux de dona Dorothéa ; pour éviter un éclat qu'il n'a pas acquis le droit de faire, l'écolier se retire presque aussitôt. Quant à la veuve, qu'un pareil scandale effraie et qui se voit perdue de réputation, elle conjure en grâce le petit officier et Paquita de partir au plus vite. Sur ces instances, Florinde s'enfuit en emportant le précieux ruban, et Paquita s'attache à elle après avoir promis à Dorothéa silence et discrétion.

SCÈNE XI.

La veuve fait tout ce qu'elle peut pour dissimuler son trouble aux dames et aux cavaliers qui envahissent le salon. Cléophas complimente dona Dorothéa sur le bon goût de sa toilette; celle-ci ne s'aperçoit pas de l'ironie de l'écolier, qui la quitte pour s'approcher d'une table de jeu, où il perd fort galamment tout ce qu'il a sur lui; car le diable, qui se montre de temps en temps sous le tapis, a jeté un sort sur les dés afin de le ruiner complétement. L'épuisement de sa bourse, qu'il ne remarque qu'en ressentant le tort que lui cause l'absence d'Asmodée, fait faire à Cléophas une assez triste figure, et le signal de la *Fiesta del Sautillo* vient heureusement l'empêcher de demander une revanche. Tout le monde se préparant à partir, l'écolier fait tête à son commencement de mauvaise fortune et présente la main à la veuve; mais un autre s'en est déjà emparé, et Bellaspada passe devant lui en prenant en pitié son état de détresse. Cette fois, Cléophas ne doute plus de la vérité de ce que lui avait prédit le démon, et, pour surmonter le chagrin qui voudrait l'assaillir, il se rend comme les autres à la fête.

DIXIÈME ET DERNIER TABLEAU.

Village au fond en amphithéâtre; au pied, le Mançanarès coupé par un pont. Aspect d'une foire populaire. Quelques tentes çà et là.

SCENE XII.

Fiesta del Sautillo. Tandis qu'ici les boléros attirent l'attention des promeneurs, des groupes de curieux s'arrêtent pour regarder, plus loin, le fandango, la contrabandista, le zappateado, que figurent des Gitanos. D'un autre côté, on distingue des buveurs, des faiseurs de tours de force et d'agilité, des femmes qui s'occupent de différentes emplettes, et des enfants qui s'amusent et qui dansent. La présence de don Gilès, donnant le bras à la veuve, réveille dans le cœur de Cléophas une recrudescence d'amour telle qu'il fend la foule et suit Dorothéa avec empressement. Passe auprès de lui Florinde en militaire, accompagnant Paquita et tenant à la main le ruban qu'elle affecte de montrer à l'écolier. Celui-ci, piqué au vif, lui rappelle sa parole et son rendez-vous ; mais le petit officier prétexte sa bonne fortune avec la grisette et prie Cléophas de remettre la partie à plus tard. Les danses, qui s'animent de plus en plus, viennent les séparer à point.

SCENE XIII.

Florinde profite de la circonstance pour donner à Paquita l'occasion de faire briller sa grâce et sa légèreté en l'invitant à danser une cachoucha. Les assistants admirent la grisette, et Cléophas lui-même en serait charmé, si, pour reconquérir le cœur de la veuve, dont il oublie la coquetterie, il n'était occupé à lui offrir des bijoux et des dentelles. Dona Dorothéa se fait prier d'abord, puis elle finit par accepter les présents de l'écolier, qui, n'ayant plus d'argent, demande un crédit que les marchands lui accordent sur sa bonne mine.

SCENE XIV.

Une troupe de Bohémiens venant à traverser le fond, Asmodée, qui a pris leur costume et s'est fait leur chef, s'avance et offre à chacun de lui dire sa bonne aventure. On accepte; et à Paquita, qu'il examine la première, il prédit le bonheur qu'elle souhaite le plus. Le tour du petit officier étant arrivé, Asmodée lui laisse faire le brave et le fanfaron un instant; puis il lui ôte sa moustache pour le faire connaître pour ce qu'il est. Quant à Cléophas, qui passe pour un grand seigneur, le Diable déguisé déclare qu'il n'est qu'un mince écolier, sans fortune et sans espoir d'en posséder un jour. Pour le coup, Bellaspada, voyant que l'on s'est joué de lui, se retire avec sa sœur, bien décidé à la faire épouser par don Gilès. Les marchands qui avaient fait crédit, alarmés sur leurs créances, viennent aussitôt réclamer à Cléophas leurs bijoux et leurs dentelles. Pour comble de misère, les fournisseurs arrivent aussi, le dépouillent et l'exposent à la risée publique. L'écolier pense qu'il n'a plus qu'à aller se précipiter dans le Mançanarès; mais Paquita le retient, en lui disant qu'il n'est pas abandonné de tous, puisqu'elle lui reste et qu'elle l'aime toujours. Cléophas, touché jusqu'aux larmes, comprend alors le cœur qu'il avait méconnu.

SCENE XV.

Florinde, qui a assisté à cette scène, se dévoue et renonce à Cléophas en faveur de Paquita; elle va même jusqu'à glisser dans les mains de la grisette un commencement de petite fortune. Après cela, le Diable se montre, et, pour tenter une dernière fois l'ambition de son protégé, il lui propose de lui rendre les biens dont il a été momentanément le possesseur. Cléophas lui répond qu'il a ce qu'il lui faut désormais, et il désigne Paquita. Cependant, avant de quitter son libérateur, dont il a maintenant assuré le repos, Asmodée veut lui laisser un souvenir, et lui remet une clochette dont il se servira s'il a jamais besoin de lui.

SCENE XVI.

A peine Cléophas l'a-t-il reçue des mains du diable, que celui-ci n'est déjà plus là. Alors l'écolier agite sa sonnette, et Asmodée reparaît aussitôt. Tranquille sur son avenir et certain de la vertu de son talisman, l'écolier remercie son démon familier; après quoi, le Diable boîteux donne un signal, et les danses recommencent avec plus d'entraînement sur tous les points du paysage. Le rideau tombe sur ce tableau.

FIN.